JN208486

大丈夫、うまくいく。

中川美穂

はじめに

幸せ体質になるためのコツは自分次第

この本を手に取っていただき、ありがとうございます。

「きっと今日があなたにとって人生のターニングポイントになる一日になるはず！」

——と勝手にご縁を感じている、ねーさんこと中川美穂です。


いきなりですが、ここでひとつの質問です。

あと3カ月であなたの命がなくなるとしたら、いま悩んでいる事柄は重要ですか？他にもやり残したことはないですか？

時間というのは有限です。もしあなたの人生が「100」あるとして、もちろんいいことが「100」あるに越したことはないですが、残念ながら人生はそんなに甘いもんじゃありません（笑）。でも、少しでもいいことが「100」に近い方がいいですよね。この本はあなたが生きやすくなるヒントになればという私からのプレゼントです（有料ですが・笑）。

生まれてから死ぬまで、「悩みがまったくない」という人はいないはずです。悩んだり、落ち込んだり……。自分のことがとてもダメな人間のように思えることもありますが、はたして本当にそうなのでしょうか？　自分は本当に自分が思うほどのダメ人間なのでしょうか？

私はそうじゃないと思います。

それは「気のせい」ってことが多々あるんじゃないかと思うのです。

そう、それは「気」のせい。

たとえば同じひとつの事柄でも見方や考え方によって、まったく違った風に見えるってこと、よくありませんか？　有名な話ですが、コップに半分入っている水を「もう半分しかない」と思うのか、「まだ半分もある」と思うのか、捉え方によって大きく変わってきます。

その捉え方を決めるのは、あなたの「気＝気持ち」なんですね。

同じ状態なら、物事を悪く捉えていつまでもうじうじ悩んでいるより、前向きに捉えて明るく健康に生きられた方がいいですよね。

となると、大事になってくるのは物事をポジティブに捉えることのできる「気」の持ち方になってきます。思考の転換って、ある意味「クセづけ」だから、何度も何度もポジティブな思考を繰り返していると、自然とそっちを選ぶようになります。前向きな捉え方を自分に刷り込んでいくうちに、人生をよりよく生きるコツをつかんで、幸せ体質に変わっていきます。

その思考のクセづけを手助けしてくれるのは、私は「言葉」だと思っています。

この本はどこを読んでも、目に入った言葉があなたのモヤモヤした心や思考をス〜ッとラクにしてくれるでしょう。

これらの言葉を毎日何度も読み続けることで、これまでは他人の目やイヤなことに敏感だった感性が、楽しいことやワクワクすることに反応する感性に変化していくはずです。

そんな感性を変えてくれる言葉のことを、私は「ハピメ」と呼んでいます。

言葉って人を元気にできるプラスのチカラもあるんだ！

「ハピメ」というのは「ハッピーなメッセージ」を略した言葉です。

ハッピーなメッセージ——だから、ハピメ。

それは偶然生まれたものでした。

私は大手企業を退職後、独立起業しました。

コンサルティング、営業のコーチング、カラーセラピー、食育、講演……仕事はまわりの方に頼まれるがまま、どんどん拡がっていったのですが、そのなかのひとつに「みほねえの部屋」というものがありました。それは簡単に言ってしまえば「悩み相談」「カウンセリング」で、いろんな方の苦しい胸の内を聞くうちに私の心に次第に言葉が生まれるようになってきたのです。

それは「悩んでいる人にはその場でアドバイスを伝えるより、後日、短い手紙でも書くような感覚でシンプルなメッセージを送って、自分で気づいてくれたらな」というところから生まれたものでした。

私はその相談者が目にしてくれたら嬉しいな、という気持ちから、彼女（私のところに相談に来る方のほとんどは女性なのです）の素性や悩みが特定できない形で、彼女に向けたメッセージをフェイスブックやツイッターといったＳＮＳにアップするようになりました。すると不思議なことが起こりました。（本人は知りません）

「ねーさんのハピメが私のターニングポイントになりました！」

「ハピメ、いつも楽しみに読んでます」

「悩んでる友達に転送してあげたいと思います」

「ねーさんのハピメを読んで今日も生きてみようと思います」

「私へのメッセージかと思いました」

「ビンゴなメッセージです！」

そんな反応が次々と寄せられるようになったのです。

感想を送ってくれるのは、私の知らない人ばかりです。

知らない人なのにどうして？

最初はとても驚きました。だって私は特定の相談者を励ますために書いただけなのに、それが見知らぬ人に届いているのですから。

きっと私の書いた言葉に、相談者と同じ境遇に置かれている人が敏感に反応して、メッセージを受け取ってくれたのでしょう。

そのとき、私は改めて気づいたのです。


言葉ってスゴイ！

言葉って人を傷つけるマイナスのチカラもあるけど、人を元気にできるプラスのチカラもあるんだ——って。

言葉の力をもっと生かすことはできないか？

そう考えると、私も人生のいろんな場面で言葉に救われてきました。

私はガンになったり、パニック障害になったり、重度のアトピーになったり、まぁ、波乱万丈の人生を送ってきたのですが（くわしくは第2章でお話ししますね♪）、そのたびに主人や親、友人や会社の仲間の言葉に助けられてきました。

「言霊」って言葉もあるくらいだから、言葉ってやっぱりチカラがあるんです。

一度も会ったことがなくても、遠く離れてても、言葉があれば人を元気にすることができる。仕事や家庭など、普段は忙しくてなかなか会えない友達とも、そこに言葉があればつながることができる。

だったら、この言葉のチカラをもっと生かすことはできないか？　もっと身近で、もっと手軽な形にまとめることはできないか？——

そんな思いから生まれたのが、この本です。

深い闇のなかにいる誰かの道しるべになれるように

この本は、私がこれまで書いてきたハピメから100個を厳選して掲載しています。

ハピメはこれまでスマホやパソコンでしか読めなかったので、「いつでも手の届く場所に置いて、すぐに開けるようにしてほしい」というリクエストにお応えして本という形になりました。

100個のハピメはランダムに並べられています。パッと開いたところが今日の私へのメッセージ——そんなふうに楽しんでもらうのもいいかもしれません。

そして本の後半には「私を支えた言葉」という形で、私の半生をお話ししています。「私のことなんて特に興味ないでしょ」とも思うのですが、私がこれまでたどった人生を知ることで、どうしてこういうハピメが生まれたのか、ハピメの裏側にどんな思いが隠されているのか、その理由のようなものが伝わるかもしれません。少しでも言葉の持つ説得力が増すのなら——という気持ちから恥ずかしながらしゃべっています。

ここはおヒマなときにでも見てやってください(笑)。

私はいろんな仕事をやっているので、まわりから「ねーさん、本当は何者なの？」と聞かれることも多いのですが、私なりにぶれない軸は持っているつもりです。

その答えは私がビジネスの屋号としてつけた「ファーレ」という言葉にあります。

「ファーレ」はフランス語で「灯台」を意味しています。

深い闇のなかにいる誰かの道しるべになれるように。混乱していろんなことがわからなくなっている誰かの頭や心のなかを整理できるように。あとちょっとの勇気が足りなくて立ち止まっている人の背中をそっと押せるように――。

この本がみなさんにとっての「灯台」になれるなら、こんなに嬉しいことはありません。

それではハピメ１００連発、ドーンといってみましょう！

ねーさん　こと　中川美穂

大丈夫、うまくいく。もくじ

第1章

生きるヒント「ハピメ100」

001

あなたが辛いのをどうにかしたいのは
それを乗り越えようと
思っているからだよね。

焦る気持ちはわかるよ。だけど焦るまぁね。
あきらめなかったら大丈夫！

002

世の中には、生きたくても生きられない人もいる。
与えられてる1日を、自分の範囲で一生懸命。
時間は有限だよ。
明日が必ず続くとは限らないから。

003

たった一人でいい。
素直な自分を出してみよう。
そしたら、楽になるから。

悩みや悲しみを誰かに言いたくても言えない自分がいたりする。ただただ作り笑いしかできなくて、弱い自分を見せたくなくて、言ったら愚痴になるのかなって考えたりして。本音が出せない自分とも闘ったりして。でもね、素直な自分を出してみようよ。

004

頑張らなくていいことを
頑張ってみよう（笑）。

みんな頑張りすぎー！
たまには息抜きしてね。まずは深呼吸。

005

深～い闇から抜け出す方法。
それは失くしたものを数えないこと。
いつまでも嘆いていると
心の闇は渦巻く一方だよ。

失ったものは元に戻らない。失うことは悲しいよね。悔しいよね。だけど、どん底まで沈んだらその次はジャンプしかない。勢いをつけて浮上するのみ。失くしたものを数えるより、これから手に入れるものを数えよう。心の中の闇が一番深く、暗くなったら、そこからは光を求める方向に一気に飛び上がろう。

006

元気がない時、鏡を見てみて。

冴えない顔をしてるかもしれないけど、
あえて見るの。

鏡に映った自分を見ながら「元気を出そう。私はhappy♥」と口角を上げてみてね。自分をプラスの言葉で励ますのがポイント。語り掛けてるうちになぜか元気になるよ。心で思うだけでも効果はあるけど、できれば実際に声に出してみてね！

007

あの人よりも、じゃなくて
今の自分よりも、の方が輝けるよ。

他人との比較やジェラシーからは何も生まれない。余計に自分が醜くなるだけ。それよりも、今の自分より歳を重ねるごとにもっと魅力的になろうよ！

008

強い人は、もっと強くなりたいと思う。
頑張る人は、もっと頑張ろうと思う。
我慢する人は、もっと我慢しようと思う。
「泣けない強さ」は弱音を吐けなくなるよ。
もう十分だよ。
もっと自分を楽にしてあげてね♥

009

あの人苦手。
どうしても許せない。
心の平穏を得たいなら、
まずは自分が変わること。
自分を変えないで、
相手だけ変えようとすることは難しい。
自分は悪くないのに
自分を変えるなんて……。

その壁を乗り越えられた人だけが
心の平穏を取り戻すことができる。
許せないことを許す勇気。
自分の考え方を変えてみる。
そこを楽しめるようになれば
相手も変わりたくなるはず。

010

決意を固めた瞬間、あなたは輝きはじめる。

私がガンになった時、「親より先に死ねん！」って思った瞬間、暗いトンネルに光が差し込んだような気がしたんです。どんな小さな光でもいいから希望は持っていてほしいな。

011

そりゃ、いい評価されると嬉しいよ。
認められたら嬉しいよ。
だけどね、人からの評価って変わるもの。
それを求めて
自分の気持ちや行動を決めないで。

自分の価値は自分で決めようよ。人からの評価は気にしない。そこを求めて疲れないで。自分のしたいように。そして自分で自分のあり方を決めよう！

012

「幸せなこと」

灯りがともる家で「ただいま」と言えること。
待ってくれる人がいて「おかえり」と言われること。
辛い時に「助けて」と言える人がいること。
目が覚めて「おはよう」と言える人がいること。
1日の終わりに「おやすみ」と言えること。
大好きな人に「愛してるよ」と言えること。

013

できないと思った瞬間から
できることも失ってしまう。

できると思った瞬間から
未来が創られていく。

014

迷ってもええやん！
それって、前に進みたいからやろ～。

つまずいてもええやん！
それって、歩いてる証拠やろ～。

止まってもええやん！
たまには、休憩も必要だって体からのＳＯＳやろ～。

後退してもええやん！
焦らなくても大丈夫。そんな時もあるやろ～。
やめたってええやん！
それって、ちゃーんと向き合ったからやろ～。

それでええのよ！

人ってあえて自分で自分の邪魔してること多いよね。格好つけなくたっていいし～。変なプライド持たなくたっていいし～。いい子ちゃんじゃなくてもいいのよ～。おもーい鎧、脱ぎ捨てちゃえ！

015

辛いこと、悲しいこと、不安なこと、苦しいこと……
嫌だよね。
でも、必ず笑える日が来るから。
「あんな時もあったなー」
「あの体験が、自分を大きくしてくれたなー」って、
そう思える日が絶対来るから。

悲劇のヒロインでも時間は薬になってくれる。本当に辛い時は信じられないかもしれないけど、絶対そうなるから!

016

「こんなことすると世間体が悪い」と思った時の世間からは、自分が思ってるほど注目されてないのよ〜(笑)。

世間体って人によって違うよね。結婚してないと世間体が悪いの？　働いてないと世間体が悪いの？　子供がいないと世間体が悪いの？　離婚すると世間体が悪いの？　高卒だと世間体が悪いの？……世間体を気にするとき、人は誰かの視線を怖れてるけど、その誰かを具体的にせず「世間がそうしてる」と表現してるだけ。結局、自分がそういう人を見下してる証拠(笑)。見下してない人は、世間体を気にしない。

017

お金、人脈、時間、情報、感情。
無駄遣いしちゃダメよ〜。

すべてつながってる。ムダな人付き合いや情報により、時間やお金、感情が奪われてる。あーもったいない（笑）。

018

あなたが幸せなら周りも幸せになれる。

自分を押し殺して我慢しても
あなたが幸せでなければ、みんなも幸せになれないよ。

あなたの笑顔を伝染させよう♥

019

やらないと決めたことはやらない。

時間には限りがある。やりたいことがすべてできるわけではない。本当にやりたいことや、やる必要がないものを取捨選択するのが上手な人ほど、時間の使い方がうまい！

020

1%でも可能性があるなら
それを信じてみる！

嘆くより動いてみよう。

021

自分がされて嬉しいことを人にする。
ただ、自分がされて嬉しいことでも
相手にとってそうでないこともある。
せめて、自分がされて嫌なことは
相手にはしない生き方がいいね。

よかれと思ってやってることでも自分の価値観の押し付けになってない？　自分と相手は同じ価値観じゃない。そのことを忘れないで。「親切」が「押し付け」になることもあるからね。

022

どうして産まれてきたかわかる？
この世であなたを必要としてる人がいるから。

私は自分のことを必要としてる人は絶対どこかにいると思ってる。もしあなたが感じられないなら、それはまだ出会ってないだけ。必要とされてない人なんてどこにもいないよ。

023

違いを認める。

相手の考えや行動や選択を「そうなんだね」と、
ただあるがままに受け止める。
そこに「ジャッジを入れない」。
すると楽に相手を受け入れられるよ♥

答えはひとつじゃないから♪

違いを認めることと、人と比べることは違う。そこに「勝ってる」「負けてる」とか「正しい」「間違ってる」っていうジャッジを入れると自分が苦しくなるよ。

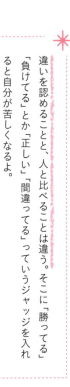

024

物を大切にする。人を大切にする。
時間を大切にする。気持ちを大切にする。
食べ物を大切にする。家族を大切にする。
言葉を大切にする。お金を大切にする。
自分を大切にする。命を大切にする。

大切に扱うことができる人は
大切にされる。

025

自分らしく生きるのに
遠慮しなくていいよ。
自分の人生の主役は自分だから！

私は私として生きようよ。誰かから許しをもらったり、人をうらやんだり、他人の顔色を伺ったり。そういうのはもう、いいじゃない？　私は私の人生を生きよう。

026

不安や怒りは
どこかに置いて逃げちゃえ(笑)。

不安や嫌な人間関係などは、「失くそう」「止めよう」と考えれば考えるほど辛くなってしまうよ。考えても変わらないことに時間を使うのはもったいない。不安は不安を大きくする。人間関係の怒りは更に大きくなる。どちらも「どうにかしたい」「つきあいを切る」のではなく、横にちょっと置いておく感じで♪　それくらいの気持ちで前を向いていこう!

027

バカになる。なんだかマイナスなイメージに聞こえるけど、実は大事☆

たまには「バカになってみる」。

じゃー、バカになるって何？

・人と比べない
・人に悪口を言われても気にしない
・人が何と言おうと好きなことをする
・自分の中の「ねばならない」（枠）を外す
・いらないプライドは捨てる

・不要なこだわりを捨てる
・心を開く
・初心に返る
・申し訳ない気持ちを手放す
・いい人に見られなくていい
・完璧でなくていい
・柔軟な対応ができる
・冒険してみる
・頭で考えず、ワクワクで動く

共通して言えるのは

「余計な力を抜こう」って感じかな（笑）。

028

もし「今」が辛くても
その「今」を精一杯生きれば
明るい未来が待っている。

今、生きている世界は良いことも悪いことも永遠に続くことはない。常に変わり続けている。未来は「今」の連続だから。

029

心配もしてるけど
それ以上に応援してるよ！

きっとうまくいくって信じてるからだよ！

030

失敗をずーっと気にしても
しゃーないよー。
人の目を勝手に気にしても
しゃーないよー。
起きもしない先のことを不安に思っても
しゃーないよー。
相手に期待を抱きすぎても
しゃーないよー。

人の悪口ばっかり言ってても
しゃーないよー。

ワクワクすること、
自分の楽しい未来、
今日をどう明日に活かすか。

そんな幸せになれることに
時間を使おうよ！

031

私は私として生きよう！
だって私の人生なんだから。

生きてると選択する場面に出会う。正しい選択をしようとすると人の目が気になったり、自分に嘘をついたりする。ワクワクする方を選択して、自分の心に正直に進もう！

032

一番会いたい人、
それは次なる自分。

以前「自分は一生変われないんだ」って思い込んでる相談者がいました。私も昔はそうでした。全身アトピーで「この体質からは一生逃れられないのかな」って。でもずっと「次なるステージの自分」に会いたかったんです！

033

好きなようにやってみたらいいよ♪

無理かもと思っても、できるまでやってみたらいい。嫌ならやめてもいい。格好悪くても自分らしくいたらいい。辛いなら甘えてみたらいい。悔しいなら泣けばいい。思うようにやってみたらいいのさー。

034

人生にリセットボタンはないけど
スタートボタンは
何回押すのもアリじゃない？

035

やめたいなー。もう無理だなー。
わかんないー。さいあくー。もう、ダメー。
「これで限界！」ってこと、あるよね。
でもね、もう一踏ん張りしてみて。
あと少しだけ。
そしたら、きっと……見えてくるものがあるから。
光が差し込むから。
今までと違う道が見えてくるから。
素敵な自分に変身できるから。

036

あなたらしさを奪っているのは何？
人の目、親の期待、いい人でいたい……
そんなことはどーでもよくて、
もっと自由に。ありのままに。
みんなに好かれようとする生き方は、
自分らしさや本当に大切な人を
失ってしまう生き方になるよ。

♪ありの〜ままの〜、って曲も流行ったけど(笑)、「ありのままの自分がまったくない」って悩み相談がすごく多い。みんなどこか取り繕ってる。「いいね」をもらうためにSNSで無理をしたり。偽りの自分は苦しくなるから自分の感情を大切にしてね。

037

どうしようか悩んだ時にはね、
うまくいくか、いかないか……で選ぶのではなくて、
それをしなかったら
後悔するか、しないか……で
選んでみるといいよ。

038

枠をはずしちゃえー。
可能性を広げちゃえー。
自分を信じちゃえー。

「わたしって、これくらいの人間」って決めちゃだめだよー。

039

諦めてたら
今の自分はいない。

限界値って自分の意識次第で変わるよ！

040

「普通」……って何？
「みんな」が……ってどれくらい？
そんなアバウトな言葉に惑わされるから
自分らしさを失うんだよ。

常識や平均ばかりに囚われず
あなたらしく、ありのまま、自由に。

041

悩んでも　いちにち。
イライラしても　いちにち。
泣いても　いちにち。
愚痴っても　いちにち。
楽しんでも　いちにち。
笑っても　いちにち。

同じいちにちを暮らすなら
あなたなら、どうしたい？

042

「大変」という漢字は「大きく変わる」と書くよね。
つまり、大変なことは
「自分を大きく変えること」。
「大変だな」と感じたときは
自分を大きく変えるチャーンス!!

「大変」ってどんなイメージ? 疲れる、きつい、難しい……ネガティブなイメージを持つ人が多いと思うけど、捉え方次第で全然違う意味になるよ。

043

あまり考えすぎると
幸せが遠のいて行くよ〜。

判断と決断は違う。判断はリスクを回避しようとする。決断はリスクが伴う。リスクがあっても決断して行動した人が人生も進む。

044

欲を持つのも、頑張るのも、人のためもいい。
ただ、それらを通そうとすると、問題が生じることも。
不要なプライドを捨て、柔軟になった心は、
きっとあなたの生き方を楽にしてくれるはず。
自分がちっぽけだということに気づくかも。

囚われた考え方を手放し、大自然のように、もっと世界を広げてみよう。

045

胸をはれ！

いつも下を向いてない？　背筋曲がってない？　眉間にシワよせてない？　さあ、胸をはって、今日もスマイル♪

046

壊れた茶碗は元に戻らない。
だけど……
貼り合わせる作業は大変かもしれないけど、
もしかしたら元の茶碗より芸術的になるかもよ！

夫婦関係や友達との関係が壊れた時、「もう戻れない」「距離を空けるしかない」と思うかもしれない。だけど努力次第では、前よりいい関係に修復することも可能なんだよ！

047

我慢しないで
泣いた方が楽な時もあるよぉ。
強がらないで
甘えた方が楽な時もあるよぉ。
自分に厳しくなりすぎないでね。

048

スタートに「遅い」はない。
失敗を恐れないで。
あなたを成長させてくれるから。

出遅れてる訳ではないよ。
止まってる訳ではないよ。

恐れて何もしないよりもスタートラインに立とう！　諦めたらそこで終わりだから。いつからでも、どこからでも、誰でもスタートできる。

049

頑張りすぎる。
考えすぎる。
気にしすぎる。
やりすぎる。
食べすぎる。
言いすぎる。
依存しすぎる。

度を超えると
自分が苦しくなるよ。
もう少しさ、
肩の力を抜いて。

050

ちっぽけな今でも自分の行動次第で大きな未来となる。

大きな人間は視野が広い。小さな人間は視野が狭い。大きな人間は器が大きい。小さな人間は器が小さい。大きな人間は群れない。小さな人間は群れる。大きな人間は枠がない。小さな人間は枠がある。大きな人間は言い訳をしない。小さな人間は言い訳をする。大きな人間を意識すれば、大きな未来に近づけるよ!!

051

先が見えないから進めないんじゃなくて進むから先が見えてくる。

知識や情報があっても、行動しなければ何もしてないのと同じこと。まずは行動してみよう。そしたら、きっと何かが見えてくる！

052

あなたが産まれてきた意味。
今のままでいい？

あなたにとっての幸せって何だろう……？
あなたの幸せに思える時間って何だろう……？

あくせく働くこと？
一日中家にいて、家族を支えること？
母親として子供を産み、育てること？
お金をたくさん稼ぐこと？

もし、あと1日しか生きられないとしたら……
今と同じ時間の使い方をする？

今、自分に正直に生きて
幸せを感じるように。
悔いなき人生を。

もし明日死んでしまうと思ったら本当に大事なものが見えてくる。スケジュールが埋まってないと不安？　スマホばかり見て、近くの大切な人や素敵な景色を見てる？　それは本当に大切なもの？　それは本当に必要なもの？……一度立ち止まって考えてみることが必要かも。

053

「自信」は人より優れることではない。
それは優越感。

「自信」……それは自分を信じること。
自分で自分を信じないと、
自分が悲しんじゃうよー。

自信がほしい人って、傷つくことが怖い人かも。「自信」は、自分ができないことを素直に認めることができる人なんじゃないかな〜。

054

脱！！！！ やるやる詐欺（笑）。

ダイエットするぞ！ ストレッチするぞ！ イライラするの減らすぞ！……と言ってるうちに死んじゃうよ（笑）。「やるぞ！」と言って行動しないのは、もう終わりにしよう。「私、変わったんだよね！」と言える日を「今日」にしよう☆

055

消したい過去も
辛かった過去も
許せない過去も
悔しかった過去も
すべての過去が経験となり、踏み台となる。
あなたの輝かしい未来のために。

056

楽な人生より
充実した人生の方が良くない？

苦労するより楽な方がいいに決まってる。でも楽なだけだと薄っぺらい人生のような感じもする。遠回りかもしれないけどいろんな景色を見た人の方が、より深い人生になるんじゃないかな〜。

057

人生は短い。
だから、あなたから幸せを奪うような人に
時間を費やすのはもったいないよー。

あなたを悪く言う人に認めてもらうように時間を費やすのはムダ。あなたが最高な状態の時に一緒にいてくれる人ではなく、あなたが最悪な時に一緒にいてくれる人こそが、あなたに必要な人なんだよ。

058

希望も、夢も、逃げない。
逃げているのは、自分。

今日頑張れば明日につながるよ！

059

幸せでいられる人って
共通点があるんだよね。
だったらそれを真似ちゃおう！

1. 笑顔でいる
2. プラス思考＆プラスの言葉
3. いつでも自分らしくいる
4. 人とは比べない（人のせいにしない）
5. 感謝の気持ちを忘れない

6．クヨクヨ悩まず、決断力がある

7．今を思いっきり楽しむ

8．どうでもいい人の批判は気にしない

9．大切な人が近くにいる

10．自分へのご褒美も忘れない（リフレッシュ）

あなたは何個あてはまる？

060

過去の自分を
うらやんだり否定したり
今の自分を
嘆いたり恥ずかしく思うよりも
これからの自分に期待しよう。

061

あなたは、よく頑張ってるよ！
ちゃーんと見てるから♪

たまには弱いところを出すことも大事だよ。会社で、家族の前でガマンしない。あなたがガマンしてると、まわりもガマンするようになっちゃうからね！　一生懸命頑張りすぎることから少し距離を置いてみて。

062

愛されたいなら、愛する！
褒められたいなら、褒める！
支えて欲しいなら、支える！
癒されたいなら、癒してあげる！
話を聞いて欲しいなら、聞いてあげる！

クレクレ星人ではなく
まずは与えることから（笑）。

063

大丈夫！きっと、あなたならできる！
大丈夫！きっと、あなたなら乗り越えられる！
大丈夫！きっと、あなただからなんとかなる！

「私じゃけえ大丈夫！」「私じゃけえなんとかなる！」。とにかく何度も唱えて自分に染み込ませることが大事。

064

頑固ちゃん。
プライドちゃん。
人からのイメージちゃん。
いらん、いらん♪
意味ない、意味ない♪
取り払ったら楽チンだよ〜♪

女子ってヘンなところが頑固。マイルールを作って自分でそれに縛られたりする。完璧主義すぎると自分が苦しくなるよ。

065

死ぬことより
生きることがしんどい時もある。

だったら
死ぬ気で、生き抜いてみようぜ。

066

私はよく「辛い時こそ笑ってなんぼ！」って言うけど、
笑うってほんと健康にいーーんだよね。
免疫力があがるからね〜。
だけど人間泣きたい時もある……。
そういう時は無理して笑わず、思いっきり泣いちゃえ。
泣くのは心のデトックスになるからね。
感情は溜めると免疫力下がるからアカンよ。
ちゃーんと出してね。

そして、また笑おう！

笑うと免疫力が上がるって根拠があるんだよ。脳の中に免疫活性ホルモンっていうのがあって、笑うとそこが刺激されるの。んで、笑うことによって体温が高くなって、免疫力がUPする。そうすると、いつの間にか不安が消えることも！　体に直接影響を及ぼす作用だから、笑わにゃ損（笑）。タダだしね〜♪

067

そのままでいいよ♪

変わろう、変わろうとすると辛いよね。今のまんまのあなたが好きだよ。

068

自分に「ないもの」を悔んだり、嫉妬したり。
それって何の得にもならないんだよね。

自分に「あるもの」を活かす方が
素敵じゃない？

069

大人になるにつれて素直になれなくなる。
もったいないな〜。
子供のように、泣きたい時には泣いて、
言いたいことは伝えてさ。

もっと素直になれたら
きっと楽だよ。

070

世界中の人から好かれるのは無理（笑）。

他人が自分のことをどう見るかは重要なことではないんだよ。
自分が自分自身をどう見るかが大切。

071

「やる！」と思ってみると、
意外と人って動くんだよね。
「できる！」と思ってみると、
意外とできちゃうんだよね。

同じ事柄でも「無理〜」と思うと動けなくなったり、
本当にできなかったり。
だったら、前向きな言葉を言ってみよう！
案外、うまく行くかも♪
いや、きっと、うまくいく♪

072

「涙」という字を見ると、さんずいに「戻る」と書くよね。
どこに戻る……？

涙という字は、涙をこぼしながら
「戻る」大切さを教えてくれる。

強がらずに泣いていいーんだよ。泣くことで本来の自分に「戻る」ことができるかもしれないよ。本音を言える自分。あたたかい場所。笑顔のわたし。素直な心。さぁ、戻りたいところは？

073

やりたいことある？
夢はある？
どうしようか悩んでる？

そうだとしたら……挑戦してみて！
不安よりも「私は今日から変わる！」を選ぼう。
自分を信じて。

074

今は辛いかもしれない。
だけどそれはね、
幸せになるための途中なんだよ。

途中が一番苦しいよね。出口の見えないトンネルが不安を呼ぶ。でも、そこを乗り越えれば、明るいゴールが待ってるはず。大事なのはものの見方。どっちから光を当てるかによって感じ方も全然変わってくるよ。

075

人は人。自分は自分。
人と比べてる時点で負けている。

「あの人の方がキレイ」「あの人の方が稼いでる」……負けてるところばかり比べて勝手に自信をなくしてない？

076

太陽、空気、水……
大切なものほど、意識しない。

身近にありすぎて
大切だと気付かなくなってしまう。

それがもし無くなってしまったら
どうなる？
大切な人、身近にいる人。
もし、その人がいなくなったら……。

再確認してみよう。

あなたの
身近なものや、身近な人。
なくなってからでは、遅いよ。

それは、あなたにとって
とっても大切なはずだから。

077

次の1歩を踏み出すために、
まず自分を許すこと、
または相手を許すことから
スタートしてみない？

人は辛い時、悲しい時に自分を責めたり、または他人のせいにしてしまいがち。するとますます前に進む力が削がれるんだよね。どんな状況でも自分や他人を責めて事態が解決することはないと思うよ。

078

みーんな必ず
できることがあるんだよ☆

微力ではあるけど
無力ではないから。

一生懸命頑張りすぎることから少し距離を置いてみて。頭と心、
少しゆるめてみよう♪

079

もっと素直になろう。
「ありがとう」って言える可愛さを持とう。
「助けて」って言える勇気を持とう。
「ごめんね」って言える謙虚さを持とう。
「悲しい」って言える弱さを持とう。
「大丈夫じゃない」って言える甘える気持ちを持とう。
ほんとは弱いのに強いフリをするのはやめよう。
もっと素直になろう。

080

本当に辛い時
本当に苦しい時
人は覚悟を決め
本当の決意となる。

背負うものがある人の方が本気になりやすい。もしあなたが決意できないのであれば、それは本当に必要なものではないのかも。

081

格好悪くてもええやん。
みっともなくてええやん。
もがいてもええやん。
ぜーんぶ自分だし。

せめて、自分のこと
自分で好きでなきゃ
自分、かわいそうやん。
いろんな自分でええやんね。

そんな自分を出せる方が格好いい。

082

たまには足を止めてみよう。違う景色が見えてくるかも。

いつも忙しいあなた、
「忙」は「心」を「亡くす」と書くからね。

よく言われてる言葉だけど改めて読むとドキッとする。忙しさにかまけて心を亡くさないように。私も足を止めてみよう。

083

泣き崩れるほどの辛さ。
10年後には、いい思い出になってるかもしれない。
20年後には、笑い話になってるかもしれない。
30年後には、忘れてるかもしれない。

前にすすもう。

084

執着は自分のため。
愛着は相手のため。

執着と愛着は違う。執着とは、それに対して不安、悲しみ、焦り、怒りなどを感じる。愛着とは、それに対してワクワク、喜び、幸せ、温かさなどを感じる。執着を手放せば、心は自由になり幸せは広がっていく。

085

反省する時間を増やすより
今、楽しく生きる時間を増やしてみる。

堅苦しく考えるより
もっとシンプルに考えてみる。

できない言い訳を考える時間を
できる理由を考える時間に変えてみる。

自分がムダだと思う時間を
好きなことをする時間に変えてみる。

先延ばしにしてる時間を
5分でいいからやってみる。

悩んでる時間を行動する時間に変えてみる。

たったこれだけで
あなたの世界が変わるよ♪

086

自分を「変える」というより
幸せになるために
しっかり自分を「育てたら」いいよ♪

自分を変えたい。強くなりたい。綺麗になりたい。ぶれない自分になりたい。その先には「幸せになりたい」っていう気持ちがあるよね。だったら遠慮する必要はないよ。人目なんか気にしなくていい。誰かに何を言われたっていい。

087

ゆっくりでいい。最後に勝つのはカメ。

SNSで「今、輝いてる人」や「今、活躍してる人」を見ると焦ったりするよね。でも『ウサギとカメ』を思い出してみて。マイペースでいいんだよ。それにSNSって基本的にいいところしか見せない人が多いんだから(笑)。

088

「幸せの度合い」は人それぞれ。
だから人と比べたり、
人から言われたことに左右されず、
「自分の幸せ」だけを考えてみて。

089

近道ばかり探さない♪
時間かかる道でもいいのよ〜。
寄り道は、時にあなたに気づきを与え
回り道は、時にあなたを成長させる。
最短距離を選びたいけど、困難な道ほど
あなたの人生を、より豊かに、魅力的にしてくれる。
焦る人生より、じっくりと♪

いろんなことを経験した人は他の人と同じ一言を口にしても、言葉の重さが違う。深みってそういうところに出るのかも。

090

生きづらいと感じるかもしれない。
だったら、そばにいるよ。

自分はひとりじゃない。誰かそばにいてくれる。辛い時、そのことだけで頑張れたりする。

091

できるかできないか。
それは能力や努力よりもまず、覚悟。

うまくやっていけるかなぁ。大丈夫かなぁ。成功するかなぁ……
悩んでいても永久に答えなんて出ないよ！

092

好きなら……

笑顔でいよう
素直になろう
話を聞こう
見返りを求めない
感謝しよう
手を握ろう

信じよう
許そう
仲直りしよう
我慢しない
気持ちを言葉で伝えよう
責めない
尊重しよう
抱きしめよう
そばにいよう

093

心を整理する。心の中の不要なものを捨てていく。
心にスペースを作り出すと
現実にもスペースが見えてくる。

ゆとりは心から。

ゆとりがない、ゆとりがほしい……どんな時もゆとりを作るのは、まず心から。クローゼットと同じ♪　ギューギューでなく不要なものを捨てることで、スペースができるよね☆

094

さあ、あなたは「やりたいの？」
それとも「やりたくないの？」。

何かスタートすると決めた時、「できるかな……」と不安になったり悩んだりすることってない？　このように物事を「確率」で考えてしまうと人って動けなくなってしまうもの。今、成功してる人や幸せそうに見える人でも、みんな最初からうまくいってたわけじゃないんだよ。「やりたいか？　やりたくないか？」で考える人と、「できるか？　できないか？」で考える人では未来にとんでもないほどの差が生まれるんじゃないかな。

095

頑張るのもいいけど
楽しもうぜ〜♪

096

「いい人」より、「都合のいい人」になってない？

あなたは「いい人でいよう」と思ってない？　「いい人」は結局、自分を抑圧した、本来の自分ではなくウソの自分。だから「いい人」をしてる限りあなたは幸せにはなれない。人に合わせ、顔色を伺ってばかりの「いい人」でいるんじゃなくて「素の自分」で行動してみてね。

097

行動する人は、未来を語る。
行動しない人は、言い訳を語る。

行動する人は、どうやったらできるかを考え、言い訳しない。行動しない人は、できない理由を考える。そこで人生の差が出る。

098

正しい選択をしようと思うと
人の目が気になったり
自分の心に嘘をついたりする。

楽しいと思う選択
幸せになれると思う選択
そこに、意識を持っていこう。

あなたの未来は誰のものでもない。自分のものだということを
忘れないで。

099

たまには、ゆっくり休んでいいよ。
そして、頑張ってる自分を褒めてあげてね。

100

何をしてもダメと思わず
あなたがしていることは
すべてあなたを成長させている。

自分にあった仕事が見つからないと思わず
あなたがするから魅力的な仕事になる。

自分の居場所がないと思わず
世界は広いと思えば、最高の居場所が見つかる。

なんだかうまくいかないと思わず
大丈夫と信じれば、自然とうまくいく。

第2章

私の心を支えた言葉

01

子供の頃から
同じ事柄でも違う角度で見ると
楽しくなるってことは
感じてました。

小さい頃から母が身体が弱かった

私は小さい頃から元気いっぱいでクラスのリーダをやってたみたいに思われてますけど、そんなこと全然ないんです。別にとりたてて明るいわけでもないし、すごく普通。

小さい頃から母が身体が弱かったんです。ちょっと買い物に行っても「ハァ〜、しんどい」って。だから母はいつも布団で寝てるイメージ。参観日もほとんど来てもらったことがないけど、私はそういうの気にしなくて、逆に「緊張しなくていいからラッキー！」みたいな（笑）。その頃から同じ事柄でも違う角度で見ると楽しくなるってことは感じてました。

母がそんな調子で私は一人っ子だから、ごはんを作ったりお手伝いをしてました。本当はバスケ部に入りたかったけど手伝いがあるから入れなくて。小、中、高とずっと帰宅部。

友達はいたけど、私自身はそれほど目立ったことをするタイプではなく。特定のグループには属してなくて、ひとりでいることも多かったけどそれでも助けてくれる人はいて。子供の頃はそういう感じでしたね。

02

平凡な毎日をすごせるって、
実はすごく幸せですよ。
それだけで
泣きそうになります。

愚痴っても母の病気は治らないし

「なんでうちだけ？」って気持ちは少しはありましたよ。一人っ子だから家の中に遊び相手もいないし、母と話しても「お母さん、しんどいけぇ……」。すぐ「しんどいけぇ」なんです。バスケ部に入りたかった時も「なんで私だけ帰らないけんのん？　お母さんの犠牲？」とは思いましたけど、言って病気が治るわけじゃないですから。そのぶん父が前向きで「しゃーないよな」「ですね」みたいな感じで毎日楽しくすごしてました。

その頃の夢？……たいしたことは考えてなかったです。ただ日々を楽しむだけ。だけど今思うと、たいして金持ちでもない家庭で、父もいて、母は寝てるけどちゃんと会話もできて――今はもうできないから――そういうのって平凡じゃないですか。それってすごく幸せだったと思うんです。今、振り返ってもそれだけで泣きそうになりますよ。

友達に専業主婦の人がいて「毎日が平凡で面白くない。ねーさんみたいなジェットコースターな人生がうらやましい」って言われるけど、“平凡を維持する”ってすごいことですよ。私は平凡な毎日をすごせることが何にも増して幸せなことだと思います。

03

「後追いとかするなよ。
わかるよの？
そんなことしても
あいつ喜ばんで」

最初の波乱万丈、17歳で彼氏が事故死

私の人生は波乱万丈ですけど、最初の波乱万丈が17歳の時。付き合ってた彼氏がバイク事故で亡くなったんです。彼とは中2の頃から付き合ってて。今考えれば子供のお遊びみたいものだったかもしれないけど、本人たちは真剣でしたから。

急に電話がかかってきて。ヘルメットかぶってなかった、と。病院に駆け付けた時にはもう意識不明でした。

そこで初めて人の死を経験したんです。17の頃は死なんて考えないじゃないですか。なんとなく70〜80まで生きるのかなって。でも「人って17で死ぬんだ」って。

その時、助けてくれたのはまわりの人。後追いしようかって気持ちが一瞬頭をよぎったんです。あっちの世界に行ったら彼氏と一緒にいられると思って。でも友達が先に「後追いとかするなよ」って言ってくれて。こっちが「後追いしたい」って言ってるわけじゃないのに、「そんなことしてもあいつ喜ばんで」って。

その時、声をかけてくれたのは、私と同じようにグループに属してない子。私、ポツンとしてる子やまわりからいじられてる子がいたら、つい話しかけてしまうんです。この時は逆にそういう子たちが私のことを気遣ってくれましたね。

あの一言が私を踏み止まらせてくれました。

04

世の中にはもっと大変な人がいるじゃないですか。

苦しんでる人を見ればキリがないし、比べちゃいけないけど、「私はまだいい方」「私も頑張ろう」って思うようにしてます。

全身重度のアトピーが出た時、思ったこと

私、10歳からアトピーなんです。その頃はまだヒジとヒザの裏だけだったけど、とにかくかゆくて。学校では「毎日お風呂入っとるのにこんなウロコみたいに汚くなっとるんよ。ハハハ」って言ってました。

当時はステロイドで抑えてたけど、25歳の時ステロイドは副作用もあるし身体によくないって聞いて、使うのを止めたんです。そしたらアトピーが全身に出るようになって！　全身リンパ液が固まって真っ黄色。臭いし、かゆいし、液が石膏みたいに固まるから身体が動かせない。目も開かんし、口も開かんから何も食べられない。男か女もわからないくらい原型不明のゾンビ状態になってしまったんです。

その時も「なんで私なん？」って思いましたよ。恋人が死んだり、母が病気だったり、全身アトピーだったり……。

それにどう耐えたのか？　世の中にはもっと大変な人がいるじゃないですか。4歳でガンになった子供とか。苦しんでる人を見ればキリがないし、比べちゃいけないけど、「私はまだいい方」「私も頑張ろう」と思うようにしてました。

今も『24時間テレビ』は毎回観てます（笑）。毎回観て「頑張ってる人はたくさんいるから私も頑張ろう！」って思ってます。

05

「ごめんね、ミイラみたいで
気持ち悪いじゃろ？」
「ねーさん、ミイラでも
俺のストライクゾーンっすよ」

まわりにいる人に恵まれた

大学を卒業して三菱重工に就職しました。父が製造業だったので小さい頃から工場とか身近で。普通のOLになるより、油の匂いや安全靴、塗料のついた作業服の方が好きだったんです。

そこで営業職として働いてたけど、入社3年目で全身にアトピーが出るようになって。それでも会社に行ってたんです。会社が好きだったし、私、自分の見た目は一切気にしないからリンパ液を抑える包帯を全身にぐるぐる巻いて普通に仕事をしてました。

その時、前の席に座ってた後輩のタイチが言ってくれたのがこの言葉。「ごめんね、ミイラみたいで気持ち悪いじゃろ？」って謝ったら、「ミイラでも俺のストライクゾーンっすよ」って。ストライクなわけないじゃないですか。でも彼は「気持ち悪い」でもなく「休んでください」でもなくこんなふうに返してくれたんです。

会社の草取りの作業の時も「先輩のねーさんには悪いんですけど、クーラーの中で電話番しといてくれませんか」って。「アトピーだからやらなくていい」とは絶対言わないんです。遠回しな言葉で気遣ってくれてるんです。

私のいた部署はみんないい人ばかりで、だから私もミイラ状態でも会社に行きたくて。本当にまわりにいる人には恵まれましたね。

06

「死んだ方がマシ」
とは思ったけど、
死のうとは思わなかった。
やっぱりそこには親がいたから。

娘のために土下座してくれた父

アトピーは本当にきつかったです。結局私は休職しました。休職したもののいつ治るかはわからなくて。骨折だったら「だいたいこれくらいで治る」ってわかるけど、私はステロイドを拒否してるし、病院にも行ってないし、ただ家で静養してるだけ。だけど全身かゆすぎて気が狂いそうな状態だから静養にならないんです。

朝起きるとパジャマと皮膚がくっついてるので、ほぼお風呂の中で生活してました。リンパ液は水で溶けるので。でも痛いし、染みるし、先は見えないし……。お風呂の中で一日中泣いてました。

おまけに液はすぐ固まるからちょっと動くと皮膚がパカッと切れるんです。目尻も切れて血がダラダラ。あれは本当に地獄で「こんな状態なら死んだ方がマシ」と思ったけど、実際死のうとは思いませんでした。死ねばラクになるかもしれないけど、それはできなかった。やっぱりそこには親がいたから。

父はそんな私を見かねて、お姫様抱っこで車に乗せて漢方薬局に連れて行ってくれました。そこで店主に土下座して「娘を治してやってください」って……。

私は動けなかったけど、涙を流して「お父さん、ありがとう」って思ってました。

07

「振り子と一緒で
今は悪い方に振れてるけど、
だとしたら
絶対いい方にも振れるはず」

待ってくれる人がいるなら頑張れる

会社の人には恵まれたって言ったけど、休職を願い出た時もそうでした。私、最初は「会社を辞めさせてください」って言ったんです。今は休職扱いだけど、アトピーが治るかどうか何の保証もないわけです。3年かかるかもしれないし、4年かかるかもしれない。だったら新しい人を入れた方が絶対いいと思って。

そしたら当時の課長が手紙をくれたんです。忙しい中で便箋4枚にビッシリ書いて。

「辞めることは考えなくていい。1人欠けてもそれを回すのが俺の仕事だ。一切心配するな。あなたはアトピーを治すことだけに専念しろ」――それと一緒に書いてあったのが「振り子と一緒で今は悪い方に振れてるけど、だとしたら絶対いい方にも振れるはず。急になったアトピーなら急に治る。絶対治る！」って言葉。

それを読んで「そうかもしれない」と思ったし、待ってくれる人がいるなら頑張れるじゃないですか？ 「治ったら3倍4倍働いてくれよ」「はい、早く治して課長のため働きます！」って。

社交辞令じゃない真心のこもった手紙。それが私に信じる勇気を与えてくれました。

08

「このかゆさわからんよね？」
「わかるかいや！
けどつらいのを見とるワシの
気持ちもおまえわかるんか？」

穏やかなダンナが唯一怒った瞬間

アトピーで休職してる時、付き合ってる彼氏がいたんです。それは今のダンナなんだけど、19歳の時に知り合って。ただ私は前の彼氏のことを引きずってたから、告白されてもしばらく受け入れられず、少し経ってから付き合いはじめました。

当時ダンナとの交際は親に反対されてました。母は三菱重工の人と結婚してほしかったみたいで（笑）。ダンナは違う会社だったんです。だからダンナは私が家で静養してても電話はかけられないし（当時は携帯電話もなかったので）、見舞いにも来られない状態。私の女友達の名前を借りて、励ましの手紙をずっと送ってくれました。

そんな中、両親がいない時にダンナが電話をくれたんです。その時、私は本当につらい状態で、一番言っちゃいけない言葉を言っちゃったんです。「そんなこと言うけど、この気の狂うようなかゆさわからんよね？」って。そしたら普段は穏やかなダンナが初めて怒って……。

私はそれを聞いて何も言えなくなってしまったんです。私は自分の気持ちをわかってもらえないことに苛立ってたけど、ダンナの気持ちもわかってなかった。私たち、同じなんだなって。

そこから少しだけ相手の気持ちを考えられるようになった気がします。

09

半袖着れるのが夢でした。
もしかして私、
幸せのハードルが
低いのかも（笑）。

できないことを数えてもしょうがない

会社は1年半で復職しました。アトピーが完治したわけじゃないけど、漢方とかを試した結果だいぶ収まってきて。アトピーは今も出てますし、一生付き合いながらすごしていくしかないのかなと思ってます。

そんなつらい1年半、何が私を支えたのか？　ホント小さなことなんです。「とにかく半袖の服が着たい」と。アトピーって皮膚が剥かれてるような状態だから、風に当たると痛いんです。だから全身に包帯巻いてたし、夏でも長袖。で、長袖を着ると蒸れてかゆくなるから、常にクーラーのきいた部屋にいなきゃいけないんです。

あとは綿100%の服しか着れないから、いずれポリエステルが入ったかわいいワンピースも着てみたいな、とか。髪も染められない、化粧もできない、まゆげも剃ったり描いたりできない、パーマもかけられない……20代の女子なのにできないことだらけ。「せめて半袖の服が着れたらなぁ」っていうのが当時の夢でしたね。

もしかして私、幸せのハードルが低いんですかね？（笑）　でも、あれもこれもってできないことを数えてもしょうがないですから。

10

こんな体調でも呑み会に参加できた。
ラッキー！
家でごはんを作らなくていい。
ラッキー！
皿も洗わなくていい。ラッキー！

小さな幸せを積み重ねると自信に変わる

27歳で会社に復帰して、29歳でダンナと結婚。そして31歳の時、パニック障害になったんです。

当時まわりで脳梗塞が続いてたんです。そんな中、突然頭痛を感じて、ふと「私も脳梗塞になったらどうしよう？」って思ったんです。そしたら恐怖心が急に膨らんで。病院に行く途中、駐車場の車の中で過呼吸で意識を失って、救急車を呼ばれて……。

診断名はパニック障害。自分はうつやパニック障害とは無縁だと思ってたから、最初はまったく受け入れられませんでした。

それを救ってくれたのも会社の仲間でした。ゆっくり休めばいいのに私は病気を認めたくなくて会社に行ってたんです。明らかにヤバい状態で、顔色は悪いし、震えてて……。

そしたら同期が「もし倒れても救急車呼んじゃるけえ心配するな」って言ってくれたんです。その一言で「私は倒れてもいいんだ」ってスーッと気持ちがラクになって。そこから考え方が変わりました。「〇〇になったらどうしよう？」ではなく、もう起こったことはしょうがないと受け入れて、「〇〇だ。ラッキー！」と思うようにしたんです。今の自分の悪い方にスポットを当てるのではなく、いい方にスポットを当てる。小さな幸せを積み重ねていくと、それが自信に変わるんです。パニック障害は1年近く苦しんだけど、きっかけをつかめば一気に治りましたね。

11

「治る！　治る！
おまえは治る！」
言葉ってすごい。
心からの言葉って伝わるんだ。

周囲の励ましで自己催眠にかかった

そして33歳でガン。本当に「なんで私ばっかり!?」ですよ（笑）。

会社の昼休みに検診を受けたら、血液検査の値が異常って言われて。MRIを撮ったら子宮内のじゅうたんみたいなところにガンができてて、いきなり「余命4ヶ月、長くて1年。とりあえず3日後に子宮全摘出」って宣告されたんです。

だけど私は抗ガン剤も子宮摘出もしたくないって抵抗して。病院に対する不信感もあったし、アトピーもパニック障害も薬に頼らず対処してきた。だから自分で調べた漢方の液体だけでガンに立ち向かうことにしたんです。

あとは周囲の根拠のない励まし（笑）。ダンナは「治る、治る！」って繰り返して、私が弱音を吐くと「絶対大丈夫！」って言い張ったんです。会社の仲間も「ねーさんならガン細胞も逃げ出す」「おまえはタダで死ぬ人間じゃない」って言ってくれて。それを聞いてたら、だんだん「本当にそうかも。今回も乗り越えられるかも」って思えるようになって……そしたら数値が下がって寛解したんです。

言葉の力って魔法ですよ。34歳の誕生日は迎えられないかもって思ってたのに。社交辞令じゃない心からの言葉は伝わるんです。言霊ってやっぱりあるんですよ。

12

いつも一瞬一瞬、
〝今〟を楽しむ。
だから今、晩ごはんのことなんて
考えてないよ。

常にまわりに助けられている

子宮が残ったことで子供に会うこともできました。私は親の介護もあるので子供を作るつもりはなかったけど、「これは何か意味があるのかな」と思って。2度の流産を経験して男の子と女の子を授かって、今は4人家族で幸せに暮らしています。あの時、医者の言う通り子宮を全摘出してたら2人の子供に会うことはできなかったわけですよね。

ガンになったことで人生観は変わりました。物事を先延ばしにしない。今日できることは今日する。だって明日死ぬかもしれないんですよ？　昔は居心地悪い友達とも社交辞令で一緒にいたけど、今はそんなことしません（笑）。時間は有限だから。

大事なのはいつも一瞬一瞬。"今"を楽しむこと。だから今、晩ごはんのことなんて全然考えてないですよ。以前は仕事中「今日の晩ごはんどうしよう」「明日の予定はどうだっけ」って考えてたけど、今は目の前のことが最優先。"今"に集中してます。

恋人の死、アトピー、パニック障害、ガン、2度の流産……どれもなりたくなかったです。避けられるなら避けた方が絶対いい。ただ、これらを体験して同じ状況の人の気持ちはわかるようになりました。あとは常にまわりに助けられてるってこと。ひとりで生きてるわけじゃない。ダンナ、家族、会社の仲間、友達……すべてに感謝ですね。

13

結局は優先順位を
きちんと決めて
上からやるしかないんです。
そこで私は仕事より
子供だったんです。

育児をするため会社を辞めた

ガンを乗り越え、2人の子供に恵まれ……そして43歳で会社を退社しました。「あんなに好きだった会社をどうして？」ってよく聞かれます。大手だし有給はいっぱいあるし(笑)。

でも結局は優先順位だと思うんです。子供を保育園に迎えに行くためには残業が多いから営業は無理。仕事は健康ならいくつになってもできるけど、育児は今しかできない。お母さんの代わりはいない。そう考えると、私にとって大事なのは仕事より子供だったんです。

自分にとって何が一番大切か、優先順位が決まったのなら、それを上からやるしかないんですよ。ぐるぐる悩んでる女子って多いけど、まず大事なのは優先順位を決めること、それを決めたら上から迷わず実行すること。私は仕事より子供が大事だから、会社を辞めた。シンプルなんです。上司は「子供が大きくなるまで定時で上がれる部署に移れば？」って言ってくれたけど、中途半端なことはしたくなかったんです。

その時は何の展望もないです。「ま、いっか」って。ただ、サラリーマンは収入が決まってるけど自営業は努力次第でどこまでもいける。「頑張って稼げばいいや！」とプラス思考で考えてました。

14

女子は肩書が大好き。
「私＝○○」っていうのが
ほしい。

目的やミッションを考えてみたら？

会社を辞めてから人脈も広がって、今はいろんな仕事をやってます。集客コンサルタント、起業家支援、ブランディング、カラーセラピー、カラーセラピスト養成、食育、カウンセリング、講演、イベントプロデュース、営業コーチング、悩み相談……いろいろやりすぎて肩書が決まらないんです（笑）。ラジオやテレビでは「動くパワースポット、ねーさんです！」って言ってますけど。

肩書という意味では、女子は肩書が大好き。私は仕事柄、女の人からたくさん相談を受けますけど、みんな肩書で悩んでます。「私＝○○」っていう確かな軸がほしいんでしょう。逆に言うと肩書がないと自分が何者なのか不安なのかもしれません。

代表的な相談は「これまでアロマとかネイルとかカラーとかいろいろ習ってきたんですけど飛び抜けたものがないんです。私の肩書って何だと思いますか？」。そういう時は「あなたのミッションは何ですか？　もし『女性をきれいにする』という目的があるなら、アロマもネイルもそのためのツール、手段として捉えればいいんじゃない？」ってアドバイスを送ります。そうしたらみんな納得してくれますよ。

15

とにかく女子は
周囲からの視線が気になる。
でも自分がどう思われようが、
お客さんが幸せになれば
いいんじゃない？

噂になるのは認知が上がった証拠

それと同時に女の人からの相談で多いのは、周囲からの視線が気になるというもの。

たとえばある専業主婦の人がビジネスをはじめたら、ママ友の間で「最近なんかはじめたん？」って噂が広まって。それだけでSNSを止めたり、ビジネス自体を止めちゃったりしたんです。

ある教室の先生は1回ごとに料金をもらってたけど月謝制にしたい、と。「でも月謝制にするとガツガツしてるように思われそうだし……」って。お客さんの目が気になるんです。みんなに嫌われたくない。自分がかわいいからつっこまれるのが怖い。だけど本来は自分がどう思われようと、お客さんが幸せになってくれればいいはずじゃないですか？　それを伝えたら「あ、そうか」って腑に落ちたみたいで。

今はSNSの影響力が強くて、特に女子はすぐ噂に尾ひれはひれが付いていきます。それでメンタルをやられる人は多いです。でも見方を変えれば、噂になるのは認知が上がった証拠。そう考えたら、噂されるのはラッキーだし喜んだ方がいいですよ。

16

まずは自分を知って、
自分を大切にすること。
そこがないがしろにされてると、
ビジネスも人間関係も
うまくいかない。

いつのまにか個人の悩み相談に

受講生の声で嬉しかったのが、次のようなものです。

「ねーさんと出会う前と後で私自身が180度変わりました。ビジネス講座はビジネスを学ぶことも大切ですが、私にとっては生き方や自分を知ること、自分を大切にすることを学んだ素晴らしい時間でした」

この方はビジネス講座に参加してくれた人だけど、ビジネスの問題ってその人のプライベートに課題があることが多いんです。ビジネスのコンサルティングをしていても、いつのまにか個人の悩み相談になってることもしょっちゅう。自分自身がモヤモヤしてるとお客様にも伝わるし、売上も伸びませんよね。

だから私はいつも言うんです。「まずは自分を知って、自分を大事にすることが先。テクニックはその後」って。いくらテクニックを身に付けても自分に自信が持てなかったら絶対ビジネスは成功しないし、それは家族関係や人間関係も同じだと思います。

まずは自分を見つめて、そのままの自分を受け止めること。それで「自分が変われた」って言ってもらえるとすごく嬉しいし、そこが男性のビジネス講座と違うところかもしれません。

17

安定剤を飲まなくても
人の言葉で
気持ちが落ち着いたりする。
言葉のサプリは
副作用もないですから。

言葉のチカラで救われることもある

ハピメは最初、毎日書くものではなかったんです。昨日会った人の顔を思い浮かべるとフッと自然に言葉が出てきて。それをきまぐれに書いてたら「見てます」「読んでます」って反応をいただくようになり。その中にはすごく切実に読んでくれてる人もいたんです。

「会社でパワハラを受けてて朝本当に行きたくないです。だけど通勤前、広島駅でねーさんのハピメを見て『よし、今日もどうにか乗り切るぞ！』と思って行ってます」とか、「死のうと思ってたけど、とりあえず今日を生きてみます」とか。

会ったことない人だけど、私の言葉で少しでもラクになってる。こっちはいいこと言ってやろうと思ってるわけじゃないのに、必要な人がそれを読むと救われることもある。言葉のチカラってすごいですよ。安定剤を飲まなくても気持ちが落ち着いたりする。おまけに言葉のサプリは副作用もないですから。

ハピメは基本的にみんなに向けてじゃなくて、私が出会った1人の人に向けて書いたもの。でもその人を通じて同じ状況にいる人が「わかるなぁ」って思ってくれたらそれでいいと思います。

18

私は太陽より月が好き。
迷った時に顔を上げたら
光があって、
フワッと照らせる
存在でありたい。

「ファーレ＝灯台」に込めた想い

仕事の中身はいろいろだけど、私の想いはひとつ。それは屋号に表れてて、屋号「ファーレ（Phare）」はフランス語で灯台っていう意味なんです。

私は太陽のようなまばゆい存在じゃなく、静かに人を照らしていける存在になりたいんです。こういう性格だし自分でも“動くパワースポット”って名乗ってるから、まわりからは太陽みたいに見られがち。そっちの方がビジネス的には得策かもしれないけど、私は本当は月が好きなんです。写真を撮る時も真ん中に行かされたりするけど、本当ははしっこの方が好きなんです。

灯台って存在としては地味だけど、ないと船がぶつかるじゃないですか。灯台があることで交通整理ができるし思考の整理もできる。「私についてきて！」ってみんなを引っぱっていく感じじゃなくて、迷った時に顔を上げたら光があって、背中を押してもらえたりサポートしてもらえたりする。主役はみなさんで、私は一歩下がったところにいる――そんな存在になりたいんです。

暗闇の中の月みたいに、困ってる誰かをフワッと照らせる存在になるのが理想ですよね。実は私、暗いのかもしれません（笑）。

19

すべての土台は家族。
高級フレンチを
ひとりで食べるより、
ふりかけごはんをみんなで
食べる方が幸せだと思う。

仕事ができるだけで幸せですよ

私は社会的な成功ってまったく意識してないんです。コンサルの仕事では「具体的なビジョンを持ちましょう」って言ってるけど、自分はまったく持ってません(笑)。

要介護5の母の介護を約15年して他界、父が去年脳梗塞になって、2人の育児をしながら仕事してます。今は仕事ができるだけで幸せですね。私は生きるか死ぬかを経験したから、少々の悩みは屁とも思わなくて。誠心誠意お客さんのためにやっていれば、お金は後から付いてくるくらいの感覚ですよ。

それに子供に寂しい想いをさせて仕事で成功しても、心が全然満たされないって相談をたくさん受けるんです。年収は多くても子供や家庭をないがしろにするのは本当に成功なんですかね？

私にとっての成功は家族が幸せなこと。夫、子供、私の両親、ダンナの両親……その中に1人でも病人や問題が起こってる人がいたら大変ですよ。それはビジネスにも絶対影響するし。家族がすべての土台なんです。

この前、近所に花見に行って家族4人でお弁当を食べました。私にとっての最高の幸せって、そういうこと。高級フレンチをひとりで食べるより、ふりかけごはんをみんなで食べる。そっちの方が絶対幸せだと思いますよ。

あとがき

今回、出版のオファーをいただいたとき、本当に自分みたいな素人が本を出していいのか悩みました。

本当に私でいいん？

誰が買うん？

本作りにはたくさんの人が関わってくれ、私もこれまでのハピメを全部ひっくり返し、もう一度見つめ直し、一つひとつを吟味しました。

そしてこれまでのことを思い出しました。私がSNSで発信してすぐ「ねーさんのハピメ、いつも楽しみにしています！」と応援してくれる人が現れたこと。「私のために言ってくれてるのかと思いました」と真剣な声を寄せてくれる人がいたこと。そして「ハピメを書籍化してほしい！」というたくさんのコメントをいただいたこと――。

待っていてくれる人が一人でもいるなら、その人のために頑張りたい。

少しでもみなさんのお役に立てるのなら、という思いがこの本を完成させるエネルギーになりました。それは言い換えれば、みなさんが必要としてくれたからこの本はこの世に生まれたとも言えます。

ハピメを楽しんでくれて、本当にありがとうございます！

まずはお礼を言わせてください。

私は自分がこれまで書いてきたハピメを読み直すことで、自分を見つめ直すことができました。

「私はこういうことを書いてきたんだな」と確かめることで、自分にとって何が大切で、何に重きを置いて生きてきたのか改めて考えることができました。

そして自分の半生を振り返ることで、周囲の人に本当に恵まれてきたということを今一度感じることができました。

主人、子ども、両親、友達、会社の同僚……私は一人っ子にもかかわらず、ピンチのときには常に誰かがそばにいてくれました。そばに寄り添い、前向きになれる言葉をかけて、私を助けてくれました。

私にとってこの本作りは、そういうたくさんのことを改めて思い出させてくれる貴重な経験になったように思います。

最後に、この本を通じて私がみなさんに伝えたかったこと、3つを話して終わりにしたいと思います。

私がみなさんに伝えたいこと、ひとつめは——

「気持ちひとつで人生は変えられる」ってことです。

私はたくさんの女性から悩み相談を受けてきましたが、毎回思うのはマイナス思考で物事を考えている人があまりに多いことです。

物事は捉え方ひとつで１８０度変えることができます。自分の頭のなかを変えれば、世界をまるごと変えることができるんです。

それができずにくすぶっている人を見ると、「なんてもったいない！」といつも思ってしまいます。

病は気から――じゃないですが、まずは心が健康であること。

その健康を実現するには、きっと言葉というサプリが役に立つはずだと思っています。


みなさんに伝えたいこと、ふたつめは――

「人っていいものだよ」ということです。

私のところに相談に来る方は人間関係で悩んでいる方も数多くいます。

確かに人はやっかいです。人と付き合っていくのは大変です。

だけど人を苦しめるのも人なら、人を助けてくれるのも人です。悩みの種になるのが人なら、幸せをもたらしてくれるのもまた人なのです。

人って案外悪くない。人と出会うのって結構楽しい――少しでもそんな前向きな気持ちが芽生えてくれたならいいなと思っています。

最後は、とっても簡単なこと。

「生きてさえいればなんとかなる!」

痛い、かゆいも確かにつらいけど、私は生きているから痛いし、生きているからかゆいんです。

だから極論は、生きていればなんでもいい!

それに一時は余命を宣告されながらもここまで生きてきたからこそ、こうして本を出すという予想もつかない経験ができたわけですからね。

この本を通じて多くの方が今よりもっとハッピーな日々を送れることを祈っています。

それでは、またどこかでお会いしましょう♪

２０１９年４月　中川美穂

〈著者紹介〉
中川美穂（なかがわ・みほ） Miho Nakagawa

広島県広島市安佐北区出身。安田女子大学卒業後、三菱重工に入社。20年以上営業畑を歩いた後に独立。2014年4月、「Phare（ファーレ。フランス語で灯台という意味）」という屋号で事業をスタートさせる。手がける事業は集客コンサルティング、営業のコーチング、ビジネス講座、食育講座、TCカラーセラピスト養成講座、イベント・人・物のプロデュース、「みほねぇの部屋」（悩み相談）、キラ女・キラママ代表など多種多彩。ただ、すべてに共通するのは「自分らしく輝くための手助けをする」というモットー。ブログやFacebookで不定期に投稿していた"コトバのサプリ"=「今日のハピメ」が話題となり、大きな評判を呼ぶ。その影響力の大きさや"会うと人生が変わる"という人が続出することから"動くパワースポット"、そして愛情をこめて"ねーさん"と呼ばれることも多い。「予約のとれない人」としてテレビ、ラジオ、雑誌などに多数出演。現在、広島市安佐南区で夫と2人の子供と暮らす。

ブログ	【広島】みほねぇ☆中川美穂の輝女バイブル『キラ女』ログ https://ameblo.jp/miho-ne-san/
Twitter	みほねぇ@動くパワースポット
Instagram	@miho_ne_san
Facebook	中川美穂（ねーさん）

大丈夫、うまくいく。

2019年4月26日　第1刷発行

著　者　中川美穂
発行者　田中朋博
発行所　株式会社ザメディアジョン
広島県広島市西区横川町2-5-15 横川ビルディング
電話　082-503-5035
企　画　山本速（ザメディアジョン）
編　集　清水浩司　芝紗也加（ザメディアジョン）
装　丁　村田洋子（ザメディアジョンプレス）
イラスト　かたしまともこ
校　正　菊澤昇吾（ザメディアジョンプレス）
印　刷　株式会社シナノパブリッシングプレス

©ザメディアジョン　Printed in Japan
ISBN978-4-86250-627-6　C0095 ¥1000
本書の全部または一部を、著作権法上の範囲を超えて無断で複写、複製、転載、ファイルに落とすことを禁じます。
乱丁、落丁本は送料弊社負担にてお取り替えいたします。
http://mediasion.co.jp